La historia del clavadista olímpico

SAMMY LEE

Me gustaría reconocer y agradecer al Dr. Sammy Lee por su generoso tiempo y su historia de vida inspiradora. Un agradecimiento especial también a mi editor, Phillip Lee, a Steven Malk, de Writers House, a Dom y Keunhee Lee, Anne Park, Sandy Tanaka, Janie Bynum, Carolyn Crimi, Kelly DiPucchio, April Young Fritz, Hope Vestergaard y Lisa Wheeler —P. Y.

LEE & LOW BOOKS INC.
381 Park Avenue South
New York, NY 10016
leeandlow.com

Traducción del texto por Claudia Oemer
Versión en inglés editada por Philip Lee y Kandace Koston
Versión en español editada por Stephanie Frescas Macías
Diseñado por NeuStudio
Producción del libro por The Kids at Our House
El texto de este libro usa la fuente Vollkorn
Las ilustraciones están renderizadas en óleo y con borrador moldeable.
Fabricado en los Estados Unidos de América

10 9 8 7 6 5 4 3 2 1
Primera edición

Información de catalogación en publicación disponible en la Biblioteca del Congreso de los Estados Unidos.

ISBN 9781643797601 (paperback) | ISBN 9781643797618 (ebook)

Los hechos contenidos en este texto fueron verificados y todos los hiperenlaces estaban activos en el momento de la publicación original del libro. Ni la autora ni la editorial se responsabilizan de los cambios que se hayan realizado desde entonces.

La historia del
clavadista olímpico
SAMMY LEE

por **Paula Yoo**
material adicional de **Cheryl Kim**
con ilustraciones de **Dom Lee**
traducción de **Claudia Oemer**

LEE & LOW BOOKS INC.
New York

*Para mi familia: Young y Kim Yoo, David Yoo
y Kyle McCorkle —P. Y.*

*A la primera generación de coreanos que logró
el sueño americano —D. L.*

CONTENIDO

CAPÍTULO UNO

EL SALTO MORTAL DE SAMMY

En el letrero de la piscina decía SÓLO SOCIOS.

Sammy Lee, que tenía doce años, sabía exactamente lo que significaba ese letrero: sólo se permitía la entrada a las personas blancas, a pesar de que era una piscina pública. Así era en 1932. Sammy tendría que esperar hasta el miércoles, cuando se permitía a la gente de color entrar. Mientras tanto, no lograría aliviarse del sol abrasador del verano californiano.

Sammy se agarró a la verja de tela metálica. Miró con **envidia** a los niños que chapoteaban y gritaban en el agua. Vio como un niño parado en el trampolín extendía los brazos. El chico voló alto en el aire y rompió la superficie del agua sin apenas salpicar.

"Quiero aprender a hacer eso", pensó Sammy.

El siguiente miércoles, Sammy fue el primero en cruzar la puerta abierta. Corrió hacia el

trampolín, se paró en el borde y extendió los brazos como alas. Respiró hondo y saltó tan alto como pudo.

Sammy se elevó. "Estoy volando", pensó. Dobló las rodillas contra el pecho y giró haciendo un **salto mortal.**

¡PAF!

Sammy salpicó a todos, incluido su amigo Hart Crum, que también estaba limitado a utilizar la piscina los miércoles, por ser afroamericano.

Hart desafió a Sammy a hacer un salto mortal con más de un giro. Sammy, deseoso de lucirse, corrió de regreso al trampolín. Por más que lo intentó, Sammy sólo pudo completar un giro en cada salto mortal.

Hart dejó de molestar a Sammy y se ofreció a ayudarle. Siguió a Sammy hasta el trampolín y saltaron juntos. Cuando aterrizaron, el peso extra de Hart ayudó a Sammy a saltar más alto en el aire. ¡Esta vez Sammy completó un salto mortal y medio antes de caer al agua! Sonrió, ansioso por practicar nuevamente con Hart.

Sammy Lee nació el 1 de agosto de 1920 en Fresno, California. Era el hijo menor de SoonKee y EunKee Chun Rhee. Luego se mudaron a Highland Park, California, donde Sammy creció junto con sus dos hermanas mayores, Dolly y Mary. Durante el verano, Sammy descubrió que tenía un talento natural para los saltos, pero su padre quería que dejara de perder el tiempo con los deportes y se hiciera médico. Los padres de Sammy se habían ido de Corea en búsqueda de una vida mejor en Estados Unidos. Su padre trabajaba duro en el restaurante de su familia, ahorrando dinero en el banco y poniendo sus propinas en una caja de zapatos, para el futuro de su hijo.

—En Estados Unidos —dijo el padre de Sammy—, puedes lograr cualquier cosa si te lo propones de todo corazón.

Una mañana, Sammy y su padre fueron al mercado del centro de la ciudad a recoger verduras para su restaurante. Las calles estaban llenas de banderas de distintos países. El padre de Sammy le explicó que Los Ángeles sería sede de los Juegos Olímpicos, y que las banderas representaban a los países participantes. Los ganadores de la medalla de oro eran considerados los mejores atletas del mundo.

Un escalofrío recorrió a Sammy. Aunque su padre quería que fuera médico, Sammy sabía que quería ser campeón olímpico.

Saltar en los saltos

En el salto competitivo moderno el clavadista salta desde un trampolín y realiza maniobras **acrobáticas** en el aire mientras se lanza hacia una masa de agua. Hay dos tipos diferentes de trampolines. Un *trampolín* es una tabla flexible que rebota y que se coloca de uno a tres metros (de 3,3 a 9,8 pies) sobre la superficie del agua. La flexibilidad de un trampolín permite a los clavadistas saltar alto en el aire, dándoles más tiempo para **ejecutar** varios movimientos antes de entrar al

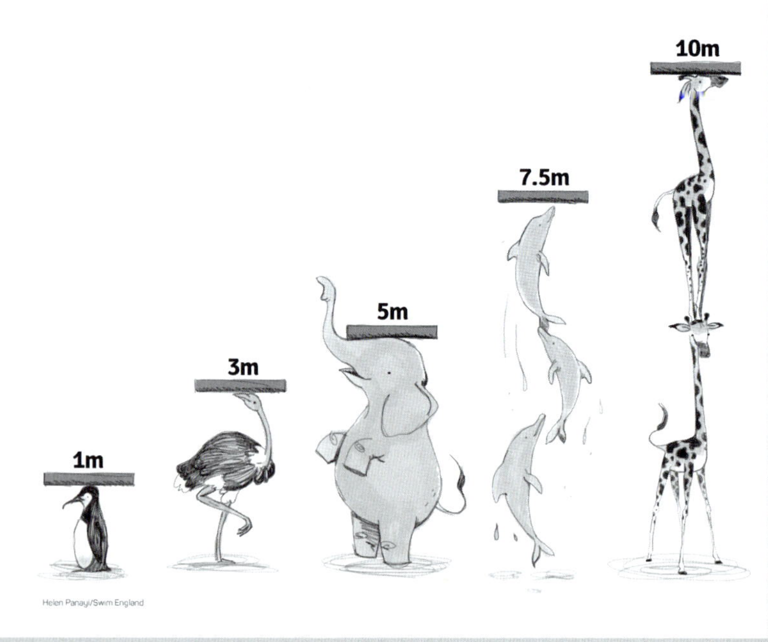

Diagrama de las diferentes alturas de los trampolines en comparación con la altura de algunos animales.

agua. Una *plataforma* es una tabla firme colocada a 5, 7,5 o 10 metros sobre el agua. (Diez metros equivalen a 33 pies: ¡la altura de dos jirafas hembras!).

Saltar desde una altura mayor permite al clavadista realizar más acrobacias durante la caída, pero también es más peligroso: un clavadista puede entrar al agua a velocidades de hasta 40 millas por hora (mph). Las técnicas necesarias para lanzarse desde un trampolín son diferentes a las que se utilizan en una plataforma. Muchos de los mejores clavadistas del mundo se enfocan en saltar desde un sólo tipo de tabla.

Hay seis tipos principales de saltos. Cada uno se denomina según la dirección en que se encuentra el clavadista antes de despegar del trampolín y la dirección en que girará después de despegar del trampolín:

- Hacia adelante (despegue hacia adelante con rotación hacia adelante)
- Hacia atrás (despegue hacia atrás con rotación hacia atrás)
- Inverso (despegue hacia adelante con rotación hacia atrás)
- Hacia adentro (despegue hacia atrás con rotación hacia adelante)
- Con giros (cualquiera de los saltos de cabeza anteriores que también utilice un giro hacia adelante, hacia atrás, inverso o hacia adentro)

- Parada de manos (un salto desde la plataforma que comienza en una posición de parada de manos)

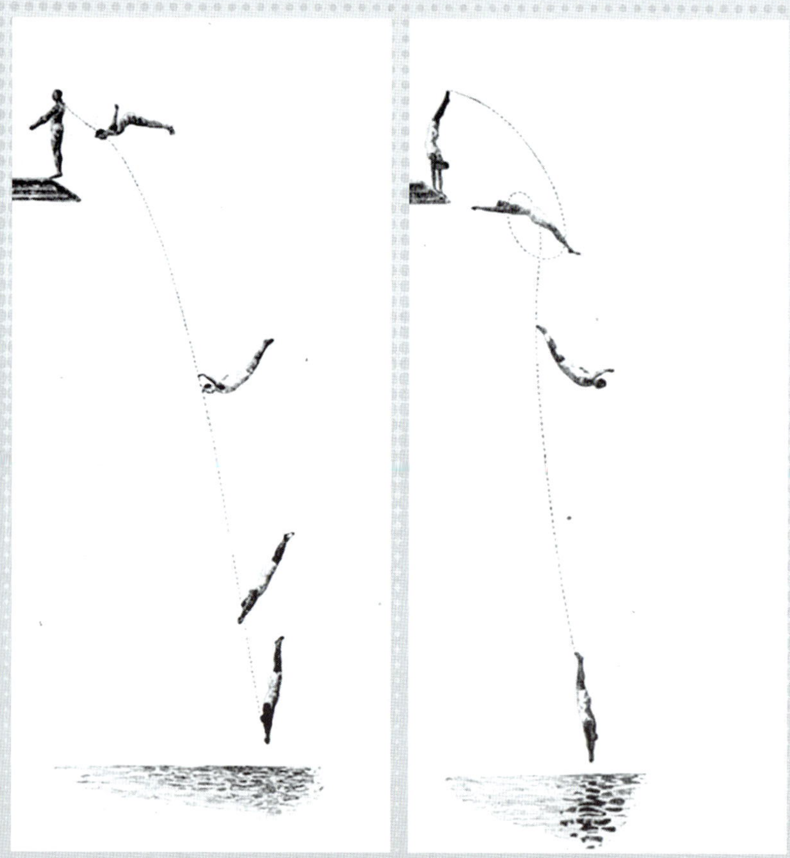

Dos ilustraciones de un clavadista realizando un salto hacia atrás con rotación hacia adentro (izquierda) y un salto de parada de manos con un salto mortal.

Además del despegue y la rotación hacia adelante o hacia atrás, el cuerpo de un clavadista puede estar en una de las siguientes posiciones:

- Recta: el cuerpo del clavadista está completamente estirado
- Carpada: el cuerpo del clavadista sólo está doblado en las caderas
- Plegada: el cuerpo del clavadista está doblado en las caderas y las rodillas
- Libre: una combinación de las tres posiciones anteriores, utilizada sólo en saltos con giros.

Para los nadadores que quieran iniciarse en el deporte del salto, el primer paso es ponerse en contacto con un club de salto local. Algunos clubes ofrecen programas donde los niños pueden aprender a realizar saltos con un entrenador que les enseña las técnicas de seguridad y las bases necesarias para el salto de iniciación y avanzado. El salto como deporte no consiste sólo en aprender técnicas divertidas, también es una oportunidad para que los atletas desarrollen autoconfianza y autodisciplina, enfrenten desafíos, superen temores y se conviertan en jugadores de equipo.

CAPÍTULO DOS

COLEGIO Y DEPORTES

Sammy decidió que los saltos serían su boleto a los Juegos Olímpicos, pero sabía que tarde o temprano tendría que encontrar un entrenador que le ayudara a mejorar su técnica de salto. No podía depender únicamente de que su amigo Hart le diera consejos.

En el verano de 1938, cuando tenía dieciocho años, Sammy asistió a una competencia de natación y salto. Entre competencia y

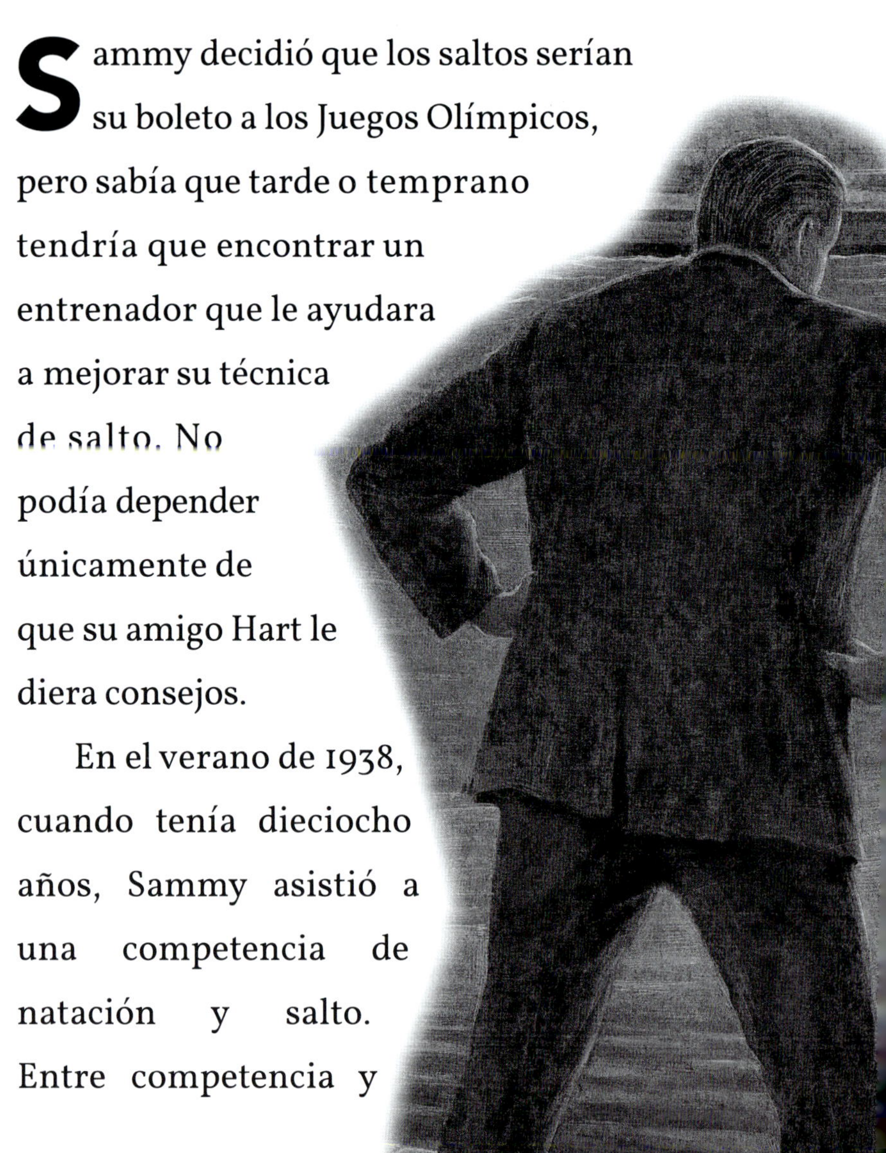

competencia se escabullía al área de la piscina para practicar. Cuando Sammy salió a tomar aire después de su primer salto, escuchó a uno de los entrenadores gritar:

—¡Eso fue el **peor** salto que jamás haya visto!

Sammy vio a un hombre alto y corpulento en el borde de la piscina.

—Regresa allí arriba y practica hasta que yo diga que puedes parar —gritó el hombre—. ¡Párate recto! ¡Estira más los brazos! ¡Tu **arco** es demasiado profundo!

Sammy se preguntaba por qué este extraño de pronto le estaba dando órdenes. Obedeció de todos modos, curioso por ver si el consejo del hombre le ayudaría a mejorar sus saltos. Al final del día, Sammy estaba exhausto, pero nunca había saltado mejor.

—Soy Jim Ryan —dijo finalmente el hombre—. Soy tu nuevo entrenador.

Como Sammy sólo podía usar

la piscina local un día a la semana, el entrenador Ryan le hizo cavar un agujero gigante en el patio trasero del entrenador. Llenaron este hoyo con arena e instalaron un trampolín encima.

Sammy entrenaba todos los días en ese arenero. La arena gruesa llenaba sus oídos y tenía las palmas de sus manos cubiertas de mugre. Cuando llovía, el peso de la arena mojada hacía que su traje de baño se bajara. Una vez Sammy se resbaló y se cortó la frente, pero no se rindió. Nunca desobedeció las interminables órdenes del entrenador Ryan.

Para evitar hacerse daño, Sammy tenía que caer de pie después de cada salto en el arenero. Así que se inscribió en una clase de gimnasio en el colegio para desarrollar músculos más fuertest en las piernas. Como resultado, Sammy pudo saltar mucho más alto del trampolín que otros clavadistas. Realizar saltos difíciles se convirtió en algo fácil para él, y ganó **reputación** por sus saltos elegantes y aparentemente sin esfuerzo.

Aunque Sammy estaba exhausto cada noche después de un día completo de colegio seguido de prácticas de salto y deberes, logró mantener sus calificaciones y obtener una A en todo. Sus compañeros de clase lo eligieron el alumno con más probabilidades de triunfar, y fue el primer

estudiante no blanco elegido presidente del alumnado. El Occidental College de Los Ángeles, impresionado con los logros de Sammy, le ofreció una beca completa para estudiar en la universidad.

A pesar de su éxito académico y deportivo, Sammy seguía sufriendo **discriminación**. Durante su último año de secundaria, Sammy no pudo asistir a su propio baile de graduación. La fiesta se llevó a cabo en el Pasadena Civic Auditorium y sólo se permitió la entrada a estudiantes blancos.

Esa injusticia enfadaba a Sammy. ¿Cómo podía su padre insistir en que Sammy podía lograr cualquier cosa en Estados Unidos, cuando ni siquiera se le permitía asistir a su propio baile de graduación?

El salto era el único mundo al que Sammy sentía que pertenecía. Aunque se había graduado como el mejor de su clase en la secundaria, sus calificaciones bajaron durante su primer año de universidad debido a que pasaba más tiempo realizando saltos que estudiando.

Sammy y su padre discutieron a causa de sus

calificaciones. Sammy no entendía por qué su padre se negaba a apoyar su sueño de convertirse en campeón olímpico.

Entonces, una tarde, Sammy fue testigo de como un cliente grosero **ofendía** a su padre en el restaurante. Más tarde, Sammy le preguntó a su padre cómo podía permitir que la gente lo tratara así. Su padre le respondió que, en vez de perder los estribos, actuaba con honra. Le explicó que, si Sammy se hacía médico, recibiría el respeto que merecía.

—En Estados Unidos puedes lograr cualquier cosa si te lo propones de todo corazón —le recordó a Sammy.

Por primera vez, Sammy comprendió por qué su padre lo presionaba para que le fuera bien en la universidad. Entonces llegó a un acuerdo con su padre. Sammy podría seguir saltando mientras sus calificaciones fueran lo suficientemente buenas para ir a la facultad de medicina.

Cómo los coreanos llegaron a Estados Unidos

En 1882, el gobierno estadounidense aprobó la **Ley de Exclusión China**, que prohibía a los trabajadores chinos inmigrar a Estados Unidos. Esta **legislación** también prohibía a los propietarios de plantaciones estadounidenses contratar mano de obra barata de China, por lo que recurrieron a Corea en busca de una nueva fuente de fuerza laboral. Alrededor de la misma época, a principios del siglo XX, Japón invadió Corea, lo que obligó a muchas familias coreanas a abandonar sus hogares mientras los soldados japoneses tomaban el control del país. Muchas personas caminaron durante varios días hasta llegar a un puerto en la ciudad de Inchon, donde **reclutadores** estadounidenses esperaban con barcos listos para llevar a los trabajadores coreanos a trabajar en las plantaciones de azúcar y piña de Hawái.

Desesperados por salir de su país en medio de la sequía, la hambruna y la **inestabilidad** política, muchos hombres coreanos firmaron contratos de trabajo que les prometían sueldos y viaje gratuito a Hawái a cambio de tres a cinco años de trabajo. En dos años, más de 7.000 coreanos llegaron a Hawái con la esperanza de encontrar una mejor calidad de vida para ellos y sus familias.

Cuando finalizaron sus contratos de trabajo, alrededor de la mitad de los inmigrantes coreanos regresaron a Corea, mientras que la otra mitad se trasladó a Estados Unidos continental. Muchos trabajaron como jardineros, conserjes y empleados domésticos, mientras que otros establecieron pequeños negocios como lavanderías, salones de uñas, restaurantes y tiendas de comestibles.

Ya que la mayoría de los inmigrantes originales eran hombres, más de dos mil "novias de retrato" llegaron desde Corea a Hawái y California entre 1905 y 1924 para contraer matrimonio con inmigrantes **solteros**. La mayoría de estas jóvenes tenían entre dieciocho y veinticuatro años y provenían de zonas rurales pobres. Un casamentero emparejaba a la novia de retrato con un esposo coreano residente en Estados Unidos, utilizando únicamente sus fotografías. Algunas fotografías de posibles esposos eran de décadas anteriores o estaban escenificadas adelante de una gran plantación para retratar una versión más joven y pudiente del hombre al que se emparejaba. Muchas novias de retrato que esperaban casarse con un hombre joven y adinerado se sintieron decepcionadas cuando llegaron a Estados Unidos y conocieron a sus esposos en persona. El gran

Foto de una novia de retrato coreana de veintiún años, alrededor de 1920.

número de mujeres coreanas que ingresaron a Estados Unidos dio lugar a una nueva generación de coreanos nacidos en Estados Unidos, que crecerían y tendrían más oportunidades que sus padres. Esta primera ola de inmigrantes coreanos terminó cuando el Congreso aprobó la **Ley de Inmigración de 1924**, que limitaba el número de inmigrantes que podían entrar en Estados Unidos.

La segunda ola de inmigrantes coreanos a Estados Unidos comenzó durante la **Guerra de Corea** (1950–1953). De 1910 a 1945, Japón invadió y ocupó Corea. Después de la derrota de Japón en la **Segunda Guerra Mundial** (1939–1945), Corea se dividió en dos países separados. En junio de 1950, Corea del Norte invadió Corea del Sur, lo que desató la Guerra de Corea. Debido a los fuertes vínculos militares, políticos y económicos de Corea del Sur con Estados Unidos, aproximadamente 15.000 hombres, mujeres y niños coreanos inmigraron a Estados Unidos entre 1950 y 1964 para escapar del conflicto. La **Ley de Novias de Guerra** también permitió a los soldados estadounidenses en Corea traer a

Una niña coreana cargando a su hermano junto a un tanque M-26 parado, en Haengju, Corea, durante la Guerra de Corea, 1951.

sus esposas e hijos coreanos a Estados Unidos, lo que igualmente contribuyó a incrementar el número de inmigrantes que ingresaban al país. Por último, la **Ley de Inmigración y Nacionalidad de 1952** puso fin a la Ley de Exclusión Oriental, permitiendo que un número específico de coreanos inmigraran a Estados Unidos y dándoles la oportunidad de convertirse en ciudadanos estadounidenses. Entre ellos había huérfanos de la

Guerra de Corea que fueron adoptados por familias estadounidenses, y alrededor de 27.000 hombres de negocios, profesionales y estudiantes.

La tercera ola de inmigrantes coreanos llegó a Estados Unidos luego de que el Congreso aprobara la **Ley de Inmigración y Nacionalidad de 1965**. Esta ley eliminó las limitaciones en cuanto al número de personas que inmigraban a Estados Unidos, establecidas en la Ley de Inmigración y Nacionalidad de 1952. Con esta nueva legislación, el Gobierno de Estados Unidos dio preferencia a los inmigrantes con familiares estadounidenses, a refugiados de la violencia y a los profesionales con "aptitudes útiles", como médicos, científicos, ingenieros y matemáticos.

De 1960 a 1975, Corea del Sur vivió un significativo período de industrialización y crecimiento demográfico, pasando de veinticinco a treinta y cinco millones de habitantes. El incremento en el número de trabajadores disponibles provocó una reducción del **sueldo mínimo**, dado que las empresas sabían que podían pagar menos dinero a los trabajadores porque éstos tenían pocas opciones de empleo. Con el propósito de afrontar la falta de oportunidades de trabajo para el creciente número de personas, el Gobierno de Corea del Sur promovió la **emigración** para ayudar a controlar el número de habitantes del país. Muchas familias coreanas de clase media decidieron irse de Corea del Sur para encontrar trabajo y ganar más dinero. Entre 1976 y 1990, los coreanos constituyeron el tercer grupo más numeroso de inmigrantes en Estados Unidos, después de los mexicanos y filipinos.

Según el **censo** de 2010, en Estados Unidos residían aproximadamente 1,7 millones de personas de ascendencia coreana. En el 2017, casi la mitad de la población coreanoestadounidense vivía en tres estados: California, Nueva York y Nueva Jersey. En el año 2005, el Senado y la Cámara de Representantes de Estados Unidos aprobaron una resolución que reconocía el 13 de enero como el Día Coreanoamericano. Este día **conmemora** y celebra las contribuciones y el impacto que la comunidad coreanoamericana ha generando y sigue generando en Estados Unidos.

CAPÍTULO TRES

UN CAMPEÓN EN FASE DE FORMACIÓN

Mientras Sammy estudiaba para ser médico, continuó participando en competencias de salto. Tenía la esperanza de clasificar para los próximos Juegos Olímpicos de Helsinki, en Finlandia, pero, debido a la Segunda Guerra Mundial, las Olimpiadas de 1940 fueron canceladas. Sammy quedó destrozado. Pensó que su sueño de convertirse en campeón olímpico había terminado.

En 1943, el padre de Sammy sufrió un ataque al corazón y murió. Sammy estaba devastado. Entonces recordó la caja de zapatos de su padre, la que estaba llena de dinero para el futuro de Sammy. No podía dejar morir el sueño de su padre.

Sammy se tomó un descanso del salto y trabajó duro para ser aceptado en un programa especial de capacitación médica del Ejército de Estados Unidos. Descubrió que sí tenía pasión por la medicina y se hizo médico en 1946.

Sammy empezó a trabajar en diferentes hospitales de California, pero echaba de menos saltar. Así que encontró una piscina cerca de cada hospital, y practicaba el salto cuando terminaban sus turnos. Sammy seguía soñando con los Juegos Olímpicos y en 1946 participó en el campeonato nacional de salto. Aunque no tuvo mucho tiempo para entrenar para la prueba, ganó el salto de plataforma alta con la puntuación más alta de la historia.

A pesar de sus logros, Sammy continuó sufriendo discriminación. Una vez, después de

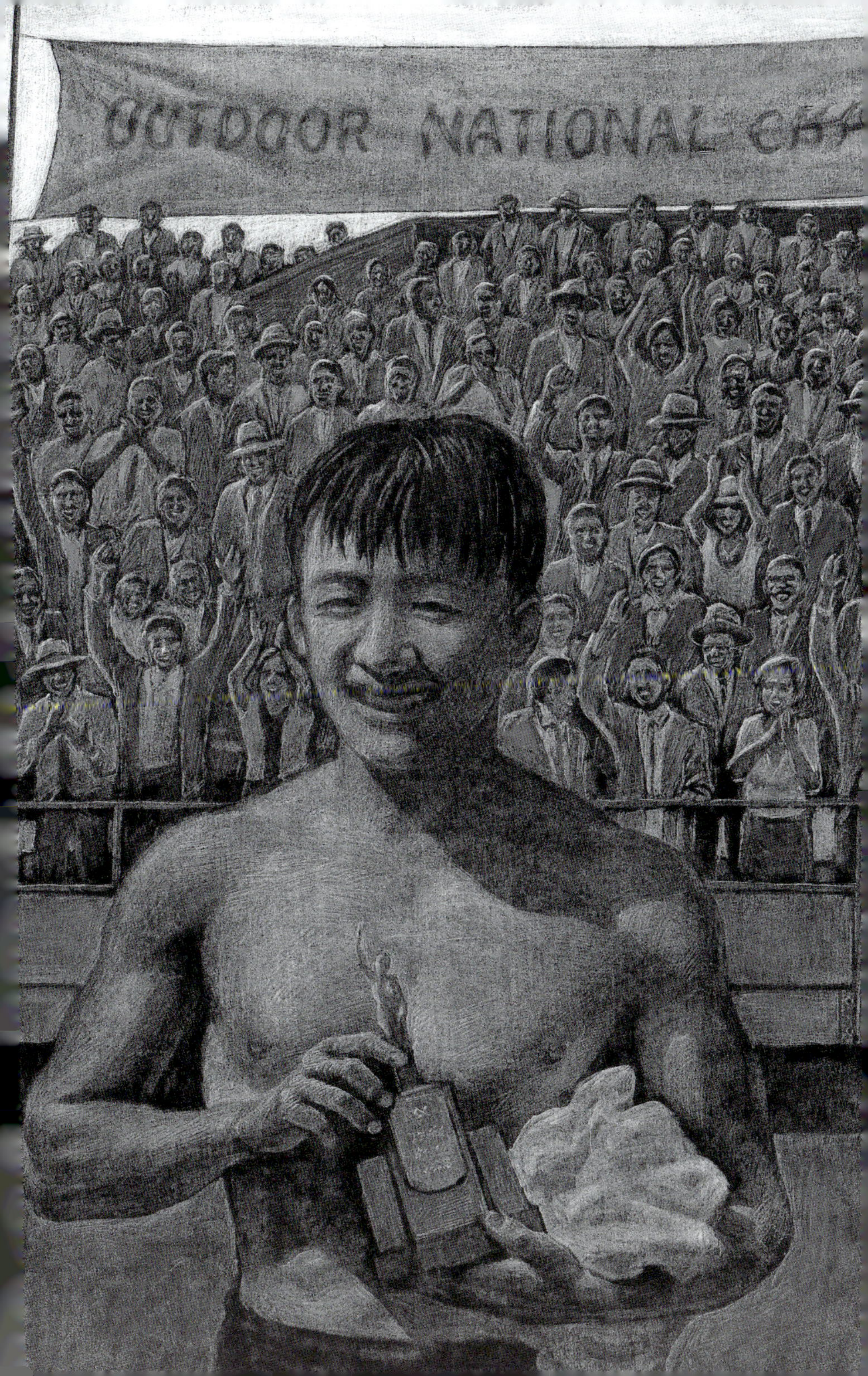

OUTDOOR NATIONAL CHA

participar en una exhibición de salto con sus amigos, le prohibieron entrar a un restaurante para cenar con ellos. Y aún se le **restringía** el uso de algunas piscinas, excepto en días asignados.

En lugar de enfadarse por un trato tan injusto, Sammy decidió demostrar su valía en los Juegos Olímpicos de 1948, en Londres. Recibió un permiso especial del ejército para tomarse un tiempo libre y entrenar.

Los asiáticos en California: oportunidad y discriminación

El primer grupo importante de inmigrantes asiáticos llegó a Estados Unidos entre 1849 y 1852, cuando alrededor de 23.000 hombres chinos viajaron a California en busca de riqueza y **prosperidad** durante la **Fiebre del Oro de California**. Unos pocos afortunados encontraron oro; sin embargo, la mayoría tuvo que encontrar trabajo para sobrevivir. En 1860, más del setenta por ciento de los hombres chinos en California trabajaban en minas, mientras que otros establecieron negocios como restaurantes y servicios de lavandería cerca de las zonas mineras. Entre 1862 y 1869, aproximadamente 12.000 hombres chinos construyeron el **Ferrocarril Transcontinental**. Estos hombres constituyeron el noventa por ciento de la fuerza laboral ferroviaria.

Trabajar en el ferrocarril era peligroso, especialmente en condiciones climáticas adversas. Los hombres chinos laboraban más horas y ganaban menos que sus compañeros de trabajo blancos. Cuando se declararon en huelga, exigiendo igualdad salarial, horarios de trabajo razonables y mejores condiciones de vida, el director de Central Pacific (la empresa responsable de construir el ferrocarril) cortó el suministro de alimentos a los trabajadores chinos. Los obreros chinos se vieron obligados a continuar trabajando por el mismo sueldo y bajo las mismas condiciones hasta que el ferrocarril quedó terminado. Más de 1.200 hombres chinos murieron construyendo el ferrocarril.

Una vez terminado el ferrocarril, miles de obreros chinos decidieron instalarse en San Francisco, donde constituían la mitad de la fuerza laboral en las fábricas de calzado, textiles y cigarros de la ciudad. Otros aceptaron trabajos en la agricultura y la construcción: alrededor del noventa y cinco por ciento de la población china en Sacramento y San Joaquín trabajaba en granjas. No obstante, independientemente de la tarea, a los trabajadores chinos se les pagaba menos que a los blancos que realizaban el mismo trabajo. En la década de 1900, los inmigrantes chinos empezaron a extenderse por Estados Unidos y a mantenerse a sí mismos abriendo pequeños negocios, restaurantes, lavanderías y tiendas.

Las empresas estadounidenses continuaron contratando trabajadores de otros países asiáticos para cubrir

**Hombres inmigrantes chinos trabajando
en el Ferrocarril Transcontinental, 1869.**

sus necesidades de mano de obra. En la década de 1930,
vivían en Estados Unidos 140.000 japoneses, 56.000 filipinos
y varios miles de coreanos e indios (de India). La mayoría de
ellos residían en California. Los estadounidenses blancos a
menudo consideraban a los inmigrantes asiáticos como una
competencia para los puestos de trabajo y una amenaza
para la economía.

Los asiáticos que vivían en Estados Unidos enfrentaban
racismo y discriminación en otras áreas de sus vidas, además
del lugar de trabajo. Con frecuencia se les negaba el servicio
en teatros, restaurantes, salones de belleza, tiendas de ropa
y hoteles. Si se les permitía entrar, tenían que sentarse en

áreas separadas de los blancos o esperar a que los atendieran después de los clientes blancos. También hubo segregación en lo que respecta a la vivienda. A los inmigrantes asiáticos a menudo se les decía "No se permiten orientales" cuando se mudaban a un vecindario en donde residían mayoritariamente blancos. Esto llevó a la formación de barrios chinos, filipinos y japoneses, comunidades establecidas por inmigrantes asiáticos, que les proporcionaron un lugar seguro para reunirse y crear sus propias casas de huéspedes, salones sociales, iglesias y restaurantes.

Después de que Japón bombardeara Pearl Harbor en Honolulu, Hawái, en diciembre de 1941, y Estados Unidos entrara en la Segunda Guerra Mundial, muchos estadounidenses blancos vieron a los estadounidenses de origen japonés como el enemigo. Alrededor de 20.000 japoneses de primera, segunda y tercera generación que vivían en la costa oeste perdieron sus hogares y negocios, y el Gobierno de Estados Unidos los obligó a trasladarse a campamentos y vivir en condiciones como de una prisión durante cuatro años. Además, Japón ocupó Corea en esa época, lo que hizo que el Gobierno estadounidense **sospechara** de los coreanos, pensando que podrían estar aliados con Japón. Muchos estadounidenses blancos empezaron a ver a los coreanos como enemigos. Aunque los coreanoestadounidenses no tuvieron que trasladarse a campamentos, el Gobierno de Estados Unidos congeló sus activos y les impuso las mismas restricciones que a los japoestadounidenses. Durante y después de la guerra, las empresas coreanoestadounidenses se convirtieron en blanco de crímenes de odio y **vandalismo**. Entre tanto, los estadounidenses blancos consideraban a los chinos, filipinos y sudasiáticos "buenos

Dos vidrieras en San Francisco, California, 1942. La tienda de la izquierda tiene un cartel en la ventana para que los compradores sepan que el propietario es de ascendencia china. La tienda de la derecha es administrada por una persona de origen japonés que realiza una "venta de evacuación".

asiáticos", ya que sus países de origen estaban aliados con Estados Unidos durante la guerra.

Durante esta época, los asiáticos en Estados Unidos participaron activamente en los esfuerzos de apoyo a la guerra. Organizaciones como la Asociación China de Ayuda a la Guerra recaudaron fondos de más de trescientas comunidades chinas de América del Norte y del Sur. Otros se ofrecieron como voluntarios para el servicio militar, compraron bonos de guerra o trabajaron en astilleros. Después de que la Primera Dama de la República de China, Madame Chiang Kai-shek, se reuniera con el Presidente Roosevelt y hablara ante el Congreso, el Cuerpo de Mujeres del Ejército de Estados Unidos reclutó una unidad chinoestadounidense para servir en las Fuerzas Aéreas del Ejército de los Estados Unidos. Las mujeres estadounidenses de origen japonés también ejercieron de traductoras militares.

No fue hasta finales de los años cuarenta y principios de los cincuenta que se permitió a los asiáticos en Estados Unidos adquirir la ciudadanía, votar y casarse **interracialmente**. La década de 1960 marcó el inicio de la unión de los activistas asiáticoestadounidenses para desafiar los estereotipos

"pasivos" y **abogar** por la igualdad salarial en el trabajo, prácticas justas en relación a la vivienda y clases de **estudios étnicos** en las universidades. En 1968, Yuji Ichioka, quien dio la primera clase de estudios asiáticoestadounidenses en la Universidad de California en Los Ángeles, creó el término "asiáticoamericano" para unir a los diferentes estudiantes de etnias asiáticas y rechazar el término "oriental", que se había convertido en una expresión con una historia **discriminatoria**. En el 2010, aproximadamente 5,6 millones de asiáticoamericanos residían en California y constituían alrededor del quince por ciento de la población del estado.

CAPÍTULO CUATRO

EL MOMENTO OLÍMPICO

A la edad de veintiocho años, Sammy clasificó para el equipo olímpico de salto de Estados Unidos. La competición de salto se celebró en la Empire Pool del estadio de Wembley, en Londres. Sammy estaba emocionado cuando entró al estadio. Aquí estaba, el hijo de inmigrantes coreanos, representando a Estados Unidos en los Juegos Olímpicos. Sabía que su familia estaría orgullosa.

La primera prueba de Sammy fue el salto desde el trampolín de tres metros. Estaba nervioso y la emoción era casi insoportable. En competiciones

anteriores generalmente se ponía lana de borrego en los oídos para bloquear el ruido del público y poder concentrarse, pero Sammy estaba finalmente en los Juegos Olímpicos. No quería perderse nada. Se quitó los tapones de los oídos para poder escuchar todo.

Sammy se paró en el trampolín. Estaba seguro de que todos podían escuchar los latidos de su corazón. Luego se concentró, saltó alto e hizo uno de los mejores saltos de cabeza de su vida. Le valió la medalla de bronce.

Sammy estaba feliz, pero no satisfecho. Quería ganar una medalla de oro. Sabía que su punto fuerte era la próxima prueba de plataforma de diez metros. Ahí estaba su oportunidad de demostrar que era el mejor clavadista del mundo.

Justo antes de la prueba, Sammy escuchó el rumor de que podría haber algún **prejuicio** contra él por no ser blanco. Esto sólo incrementó su determinación de ganar.

Sammy mantuvo la calma.

—Voy por la medalla de oro —les dijo a sus compañeros de equipo antes de subir por la escalera.

Ya no quería ganar sólo para sí mismo. Quería ganar para demostrar que nadie debería ser juzgado por el color de su piel.

Para su último salto en la prueba de plataforma de diez metros, Sammy decidió realizar tres saltos mortales y medio hacia adelante. Este era un movimiento muy peligroso. El más mínimo **error de cálculo** en la duración podría provocarle una lesión grave, incluso mortal.

Sammy se enfrentó a una multitud de miles de personas. Su boca estaba seca. Oyó el sonido del agua golpeando los bordes de la piscina, el murmullo de las personas, los latidos de su corazón.

Nunca antes Sammy había sentido una presión tan intensa. Había entrenado dieciséis años para este momento, que duraría apenas dieciséis segundos desde el momento en que saltara hasta que fueran reveladas las puntuaciones.

Sammy cerró los ojos y en su mente tenía nuevamente doce años. Era miércoles en la piscina. Él y Hart estaban practicando saltos mortales. De alguna manera, esta imagen calmó los nervios de

Sammy. Abrió los ojos, respiró profundo y saltó de la plataforma.

Sammy voló por el aire. ¡Él hizo uno… luego dos… luego tres… y medio saltos mortales!

El público se quedó sin aliento.

Cuando Sammy salió a la superficie, gotas de agua se deslizaron sobre los ojos. Sacudió la cabeza y parpadeó. Entonces vio las puntuaciones.

7.0 9.0 9.5 9.5 9.5 9.5

Y luego… 10.0. *¡Diez!*

¡Tenía una puntuación perfecta!

Sammy Lee se convirtió en el primer coreanoestadounidense en ganar una medalla de oro.

Saltos en los Juegos Olímpicos

El salto se convirtió por primera vez en un deporte popular en Alemania durante el siglo XVIII. Los gimnastas se paraban al filo de una piscina y hacían movimientos acrobáticos mientras caían al agua. A finales del siglo XIX, los clavadistas suecos realizaban exhibiciones de salto populares, y fundaron la Asociación de Clavadistas Aficionados en 1901.

La competición de salto más antigua registrada tuvo lugar en 1871 frente al Puente de Londres. El salto se convirtió por primera vez en un deporte olímpico en los Juegos Olímpicos de 1904, celebrados en St. Louis, Missouri, donde se lo llamó salto elegante. En los Juegos Olímpicos de 1908, en Londres, se introdujeron pruebas separadas de trampolín y plataforma. No fue hasta los Juegos Olímpicos de Estocolmo de 1912 que las mujeres también pudieron saltar.

A diferencia de la natación, donde gana la persona con el tiempo más rápido, los clavadistas reciben medallas de oro, plata y bronce según sus puntuaciones totales. Un panel de siete jueces otorga puntuaciones entre 0 y 10, en **incrementos** de medio punto. Una puntuación de 0 es un fracaso, mientras que una puntuación de 10 es perfecto. Los jueces se fijan en lo siguiente para decidir qué puntuación otorgar:

- Una *aproximación* tranquila, pero firme. La aproximación son los pasos que da el clavadista hacia el borde de la tabla antes del *obstáculo* y el despegue. El *obstáculo* son los últimos pasos que da el clavadista en su aproximación. Le permiten al clavadista colocarse adecuadamente para el salto mientras mantiene o coge impulso para el despegue.

- Un *despegue* controlado y equilibrado. El despegue es el salto del clavadista desde la tabla antes de realizar el salto de cabeza.

- Una gran *elevación*. La elevación es la altura que alcanza el clavadista al despegar, lo que puede afectar la **precisión** y elegancia de la ejecución del clavadista.

- La *ejecución*, que es lo bien que se realiza el salto. Los jueces buscan precisión, forma adecuada y elegancia.

- La *entrada* del salto. El clavadista debe entrar al agua salpicando lo menos posible. Debería sonar como un "rasgón" o como cuando se rompe papel.

Después de que cada uno de los siete jueces otorga una puntuación al clavadista, se eliminan las dos puntuaciones más altas y las dos más bajas. Las

Jingjing Guo y Minxia Wu, de la República Popular China, compiten en la prueba de salto sincronizado de tres metros en el Campeonato Mundial de Natación, en Roma, Italia, 2009.

puntuaciones restantes se suman y luego se multiplican por un número **predeterminado** según la dificultad del salto, que oscila entre 1,2 y 4,1 en incrementos de una décima.

En el año 2000 se introdujo en los Juegos Olímpicos de Sydney el salto **sincronizado**, que consiste en que dos clavadistas realicen el mismo salto exactamente al mismo tiempo.

La evaluación y puntuación de un salto sincronizado es similar a la de un salto en solitario, excepto que hay once jueces y cinco de los jueces califican la sincronización de los dos clavadistas.

CAPÍTULO CINCO

LA GLORIA DE ORO

Sammy estaba de pie en el podio mientras izaban en alto su bandera de Estados Unidos. "Lo logré", pensó, sonriendo de orgullo. Había ganado la medalla de oro, no sólo para él, sino también para su padre, el entrenador Ryan y Hart Crum. Además había ganado la medalla de oro para su país. Esperaba que algún día todas las piscinas estuvieran abiertas todos los días de la semana para todos los estadounidenses.

El público gritó. Las voces llenaron el **cavernoso** estadio, pero lo único que Sammy podía escuchar eran las palabras de su padre: "En Estados Unidos puedes lograr cualquier cosa si te lo propones de todo corazón".

Después de los Juegos Olímpicos de 1948, Sammy sirvió como médico en la Guerra de Corea. Luego, en los Juegos Olímpicos de 1952, en Helsinki, Finlandia, Sammy se convirtió en el primer hombre en defender un título olímpico de salto desde la plataforma. También fue el primer clavadista masculino que ganó medallas de oro en saltos en dos Juegos Olímpicos consecutivos.

En 1953, Sammy fue el primer asiáti-
coestadounidense galardonado con el premio
James E. Sullivan. Este premio lo otorga anual-
mente la Unión Atlética de Aficionados al mejor
atleta aficionado de Estados Unidos. Se considera
el premio deportivo más prestigioso del país.
Sammy entrenó al clavadista Bob Webster, quien
ganó medallas de oro olímpicas en 1960 y 1964, y
a Greg Louganis, quien ganó una medalla de plata
en los Juegos Olímpicos de 1976.

Sammy se casó con Rosalind M. K. Wong en
1950. Vivió en California y tuvo dos hijos y tres
nietos. Siguió siendo un deportista activo durante toda su vida; a los noventa años, aún nadaba en
la piscina local todos los días. El Dr. Sammy Lee
falleció el 2 de diciembre de 2016 en California,
dejando un legado inspirador para todos los
deportistas.

Sammy Lee realizando un salto en los Juegos Olímpicos de 1948 en Inglaterra, donde fue el primer coreanoestadounidense en ganar la medalla de oro.

Greg Louganis

Greg Louganis nació en California en 1960 y empezó a sobresalir en gimnasia y acrobacia a la edad de tres años. A los nueve años ya era un artista experimentado y competía en concursos locales de talentos. Por la misma época, su familia hizo construir una piscina en el patio trasero. Greg practicaba acrobacias de gimnasia en la piscina, pero con frecuencia aterrizaba de espaldas. Cuando su madre vio su entusiasmo por los saltos, queriendo protegerlo para que no se lastimara, lo inscribió en clases de salto.

A los 11 años, Greg quedó segundo en la prueba de trampolín de un metro, en las Olimpiadas Nacionales Juveniles. El Dr. Sammy Lee vio a Greg saltar y quedó impresionado. Creía que Greg tenía la capacidad para formar parte del equipo olímpico de 1976 y aceptó entrenarlo dos veces por semana.

Cuando tenía 16 años, Greg clasificó para el equipo olímpico de salto de 1976 y ganó una medalla de plata en la prueba de plataforma de diez metros. Dos años más tarde empezó a entrenar con Ron O'Brien, quien fue su entrenador durante el resto de su carrera olímpica.

Estados Unidos **boicoteó** los Juegos Olímpicos de 1980 en Moscú, por lo que Greg no pudo participar. Aún así, continuó entrenando y compitió dos años después contra el ganador olímpico de la medalla de oro de salto de 1980 en el Campeonato Mundial. ¡Después de realizar un salto y medio carpado hacia adentro desde la plataforma de diez metros, Greg se convirtió en el primer clavadista en obtener, en una importante competición internacional, un 10 perfecto de los siete jueces! Greg ganó el título tanto en pruebas de plataforma como de trampolín. Su capacidad para realizar saltos difíciles con una ejecución precisa y elegante le permitió dominar el deporte del salto en los años siguientes.

Greg continuó y ganó medallas de oro en las pruebas de salto tanto desde el trampolín como desde la plataforma en los Juegos Olímpicos de 1984, en Los Ángeles. Durante las rondas preliminares de 1988, en

Seúl, se golpeó inesperadamente la cabeza en el trampolín mientras completaba un salto. Necesitó cuatro puntos de sutura y luchó contra la vergüenza y el dolor de su herida. Sin embargo, no se rindió. Greg completó sus dos últimos saltos y pasó a la ronda final. Ganó nuevamente la medalla de oro en la prueba de trampolín y remontó para ganar otra medalla de oro en la prueba de plataforma. Greg se convirtió en el primer clavadista masculino de la historia en ganar ambas pruebas en Juegos Olímpicos consecutivos.

Al ganar su cuarta y quinta medalla de oro olímpica en los juegos de 1988, Greg se jubiló del salto a los veintiocho años. Pasó varios de los siguientes años dedicándose a la actuación y a presentaciones públicas. En 1994, reveló que era gay, y el año siguiente anunció que era VIH positivo. Pronto después, la autobiografía de Greg, *Breaking Surface*, fue publicada, detallando su batalla de vivir con secretos antes y después de su carrera olímpica. Comparó decir la verdad sobre su vida con el entrenamiento y preparación para las olimpiadas, que fue uno de los retos más grandes que había enfrentado, pero también el más gratificante. Él sigue apoyando y sirve en el consejo de la Fundación Americana para la Investigación del SIDA (amfAR por sus siglas en inglés). También es un miembro activo de la Campaña de los Derechos Humanos (HRC por sus siglas en inglés), que aboga por la igualdad de derechos básicos para la comunidad LGBTQ.

1920 ɪ de agosto: Sammy Lee nace en Fresno, California

1938 Participa en una competición de salto, donde conoce a su entrenador Jim Ryan

1939 Se gradúa de la Escuela Secundaria Benjamín Franklin

1943 Se gradúa del Occidental College

1946 Participa en el campeonato nacional de salto y obtiene el primer lugar en el salto de plataforma alta

1947 Se gradúa de la facultad de medicina en la Universidad del Sur de California y se convierte en especialista de oídos, nariz y garganta. Sirve como mayor del ejército y oficial médico en la Guerra de Corea

1948 Compite en los Juegos Olímpicos de Londres y gana una medalla de bronce en la prueba de trampolín de tres metros y una medalla de oro en la de plataforma de diez metros. Sólo dos días antes, la clavadista filipinoestadounidense Victoria Manalo Draves había ganado medallas de oro en los mismos Juegos Olímpicos, convirtiéndola en la primera estadounidense de origen asiático en ganar una medalla olímpica, y al Dr. Lee en el primer hombre estadounidense de origen asiático en lograrlo

1950 Se casa con Rosalind M. K. Wong

1952 Compite en los Juegos Olímpicos de Helsinki, Finlandia, y gana la medalla de oro, convirtiéndose en el primer clavadista masculino en obtener una medalla en dos olimpiadas consecutivas

1953 Recibe el premio James E. Sullivan de la Unión Atlética de Aficionados

1955 Abre un consultorio médico en el condado de Orange, California

1960 Entrena al equipo de salto de Estados Unidos para los Juegos Olímpicos de Roma, Italia

1968 Es elegido para el Salón Internacional de la Fama de la Natación

1990 Se retira de la práctica médica después de 35 años de servicio
Es elegido para el Salón de la Fama Olímpica de Estados Unidos

2010 La esquina de Olympic Blvd. y Normandie Ave., en Los Ángeles, California, es denominada Sammy Lee Square

2016 2 de diciembre: fallece en Newport Beach, California

GLOSARIO

abogar *verbo* luchar por una causa, apoyarla
o defenderla

acrobático *adjetivo* que tiene las cualidades de
un acróbata, como habilidades gimnásticas,
flexibilidad y fuerza

arco *sustantivo* doblado en forma curva

boicotear *verbo* el acto de expresar desaprobación
hacia una persona, empresa o país negándose a
interactuar con ellos, especialmente negándose
a comprar sus productos

cavernoso *adjetivo* un espacio grande, en forma
de caverna

censo *sustantivo* un conteo de todos los habitantes de
un país. En Estados Unidos se realiza un censo cada
diez años.

conmemorar *verbo* hacer algo para recordar a una
persona importante o un evento histórico

discriminación *sustantivo* la acción de tratar a algunas
personas mejor que a otras, a menudo por prejuicios
o una razón injusta

discriminatoria *adjetivo* que ejerce discriminación

ejecutar *verbo* hacer o realizar algo

emigración *sustantivo* el acto de salir de un país o región para vivir en otro lugar; inmigración es el acto de llegar a un país o región para vivir

envidia *sustantivo* el sentimiento de querer algo que le pertenece a otra persona

error de cálculo *sustantivo* un error al calcular el tamaño o la cantidad de algo

estudios étnicos *sustantivo* una materia académica que se centra en la raza, el origen étnico y las experiencias de las personas de color dentro y fuera de Estados Unidos

Ferrocarril Transcontinental *sustantivo* un sistema ferroviario construido entre 1863 y 1869 que conectaba la costa este de Estados Unidos con la costa oeste, conocido formalmente como el Primer Ferrocarril Transcontinental

Fiebre del Oro de California *nombre propio* un evento histórico que duró desde 1848 hasta 1855, después de que se encontrara oro en Coloma, California. Unas 300.000 personas de Estados Unidos y el resto del mundo llegaron a la zona con la esperanza de encontrar oro y hacerse ricas

Guerra de Corea *nombre propio* conflicto entre Corea del Norte y Corea del Sur que tuvo lugar entre 1950 y 1953

incremento *sustantivo* la medida de cuánto más pequeño o más grande se hace algo

inestabilidad *sustantivo* un estado en el que no es probable que las circunstancias sigan siendo las mismas

interracialmente *adverbio* que involucra a diferentes razas de personas

legislación *sustantivo* proyectos de ley considerados y leyes elaboradas por un gobierno

Ley de Exclusión China *nombre propio* una ley federal firmada en el año 1882 que prohibía la inmigración de trabajadores chinos a Estados Unidos. Fue la primera ley importante que restringió la inmigración a Estados Unidos

Ley de Inmigración de 1924 *nombre propio* ley federal firmada en 1924 que utilizaba un sistema de cuotas para limitar el número de inmigrantes que ingresaban a Estados Unidos

Ley de Inmigración y Nacionalidad de 1952 *nombre propio* legislación federal firmada en 1952 que puso fin a la Ley de Exclusión China, permitiendo a los inmigrantes asiáticos adquirir la ciudadanía estadounidense, pero aún imponía un sistema de cuotas que continuaba limitando el número de inmigrantes procedentes de países asiáticos

Ley de Inmigración y Nacionalidad de 1965 *nombre propio* legislación federal firmada en 1965 que hizo ilegal prohibir que una persona migre a Estados Unidos tomando como pretexto su raza, ascendencia o nacionalidad

Ley de Novias de Guerra *nombre propio* una ley federal firmada en 1946 que permitía a los cónyuges, hijos naturales e hijos adoptivos de miembros de las Fuerzas Armadas de Estados Unidos ingresar a Estados Unidos

ofender *verbo* regañar de una manera enojada

pasivo *adjetivo* permitir que las cosas sucedan sin intentar cambiar la situación

peor *adjetivo* pésimo o lo más inferior

precisión *sustantivo* la cualidad de ser exacto

predeterminado *adjetivo* decidido con antelación

prejuicio *sustantivo* sentimiento de desagrado hacia una persona o grupo por su raza, religión, edad o sexo

prosperidad *sustantivo* el éxito en términos de tener mucho dinero y una vida cómoda

reclutadores *sustantivo* personas cuyo trabajo consiste en lograr que otros se unan a una empresa, negocio o servicio

reputación *sustantivo* opiniones generales que las personas tienen sobre alguien o algo

restingir *verbo* no permitir

salto mortal *sustantivo* un movimiento que consiste en girar o darse la vuelta hacia adelante o hacia atrás

Segunda Guerra Mundial *nombre propio* conflicto que involucró a más de treinta países entre 1939 y 1945, librado principalmente en Europa, el norte de África, Asia y el Pacífico Sur

sincronizado *adjetivo* que sucede al mismo tiempo o velocidad que otra cosa

soltero *sustantivo* un hombre que no se ha casado

sospechar *verbo* tener la sensación de que no se puede
confiar en alguien o algo

sueldo mínimo *sustantivo* el sueldo más bajo que se
puede pagar a un empleado por hora, según lo
establecido por la ley local, estatal o federal

vandalismo *sustantivo* el acto de destruir o dañar una
propiedad a propósito

FUENTES DEL TEXTO

Ku, Beulah. "Sammy Lee—Olympic Pioneer." *Asian Week*, vol. 13, no. 47 (17 de julio de 1992): 11.

Lee, Sammy. "An Olympians Oral History: Sammy Lee." Entrevista por Dr. Margaret Costa. Amateur Athletics Foundation of Los Angeles (diciembre, 1999). https://digital.la84.org/digital/collection/p17103coll11/id/216/.

McFadden, Robert, D. "Sammy Lee, First Asian-American Man to Earn Olympic Gold, Dies at 96." The *New York Times*. Actualizado 4 de diciembre de 2016. https://www.nytimes.com/2016/12/03/sports/sammy-lee-dies-asian-american-olympic-gold.html.

USC Athletics. "Two-Time Olympic Gold Medal Diver Dr. Sammy Lee, USC's Oldest Surviving Olympian, Dies." Actualizado 3 de diciembre de 2016. https://usctrojans.com/news/2016/12/3/two_time_olympic_gold_medal_diver_dr_sammy_lee_usc_s_oldest_surviving_olympian_dies.aspx.

Wampler, Molly Frick. *Not Without Honor: The Story of Sammy Lee*. Santa Barbara, CA: The Fithian Press, 1987.

FUENTES DE LAS NOTAS INFORMATIVAS

SALTAR EN LOS SALTOS

British Swimming. "History of Diving." Accedido 12 de abril de 2019. https://www.britishswimming.org /browse-sport/diving/learn-more-about-diving /history-diving/.

"Diving." *Encyclopaedia Britannica*, 8th Ed. Chicago: Encyclopaedia Britannica, 2009. Accedido 12 de abril de 2019. https://www.britannica.com/sports /diving.

"Diving, Springboard and Platform." *The Columbia Encyclopedia*, 6th Ed. New York: Columbia University Press, 2000.

Lanser, Amanda. *The Science Behind Swimming, Diving, and Other Water Sports*, Science of the Summer Olympics. North Mankato, MN: Capstone Books, 2016.

"Olympic Diving Diagrams (1912)." *The Public Domain Review*. Accedido 12 de abril de 2019. https ://publicdomainreview.org/collections /olympic-diving-diagrams-1912/.

Olympic Studies Center. "Aquatics: History of Diving at the Olympic Games." Actualizada marzo de 2015. Accedido 12 de abril de 2019. https://www.olympic .org/diving-equipment-and-history.

Swim England Diving. "About Platform and Springboard
Diving." Actualizado marzo de 2016. Accedido 12 de
abril de 2019. https://www.swimming.org/diving
/about-platform-and-springboard-diving/.

CÓMO LOS COREANOS LLEGARON A ESTADOS UNIDOS

Boston Korean Diaspora Project. "History of Korean
Immigration to America, from 1903 to Present."
Accedido 8 de abril de 2019. http://sites.bu.edu
/ koreandiaspora/issues/history-of-korean
-immigration-to-america-from-1903-to-present/.

Center for Immigration Studies. "The Legacy of the 1965
Immigration Act." Accedido 14 de abril de 2019.
https://cis.org/Report/Legacy-1965-Immigration-Act.

"History of Korean American Day." Korea Economic
Institute of America. Accedido 14 de abril de 2019.
https://keia.org/programs/community-outreach
/korean-american-day/.

"Immigration in the 1960s." *Boundless* (blog). Actualizada
3 de july de 2017. Accedido 14 de abril de 2019. https
://www.boundless.com/blog/60s-immigration/.

Kim, Ilpyong J. *Korean-Americans: Past, Present, and Future.*
Elizabeth, NJ: Hollym International Corporation,
2004.

Lee, Cristina. "Minding Their Own Businesses:
	Entrepreneurs: Up to 40% of the Southland's
	Korean immigrants own their own companies.
	They run 70% of Orange County's dry cleaners and
	27% of its neighborhood grocery stores." *Los Angeles
	Times*, 10 de septiembre de 1991. Accedido 8 de abril
	de 2019. https://www.latimes.com/archives/la-xpm
	-1991-09-10-fi-2531-story.html.

Nakamura, Kelli Y. "Picture brides." *Densho Encyclopedia*.
	Accedido 14 de abril de 2019. http://encyclopedia
	.densho.org/Picture_brides/.

O'Connor, Allison, and Jeanne Batalova. "Korean
	Immigrants in the United States." Migration Policy
	Institute. Actualizado 10 de abril de 2019. Accedido
	14 de abril de 2019. https://www.migrationpolicy.org
	/article/korean-immigrants-united-states.

United States Census Bureau. *The Asian Population:
	2010*. Washington, DC: United States Department
	of Commerce, Economics and Statistics
	Administration, 2012. https://www2.census.gov
	/library/publications/cen2010/briefs/c2010br-11.pdf.

LOS ASIÁTICOS EN CALIFORNIA: OPORTUNIDAD Y DISCRIMINACIÓN

Ancheta, Angelo N. *Race, Rights, and the Asian American Experience*. New Brunswick, NJ: Rutgers University Press, 2006.

"Asian Americans, Impact of the Great Depression On." *Encyclopedia of the Great Depression*. New York: Macmillan Library Reference, 2003.

"Chinese Immigrants and the Gold Rush." PBS. Accedido 14 de abril de 2019. https://www.pbs.org/wgbh /americanexperience/features/goldrush-chinese -immigrants/.

Japanese American Citizens' League. *The Journey from Gold Mountain: The Asian American Experience*. San Francisco, CA: Japanese American Citizen's League, 2006.

Le, Cuong N. "The First Asian Americans." *Asian Nation* (Blog). Accedido 14 de abril de 2019. http://www .asian-nation.org/first.shtml#sthash.mzrqtffw.dpbs.

Lee, Erika. *The Making of Asian America: A History*. New York: Simon & Schuster, 2015.

Library of Congress. "The Transcontinental Railroad"
    (map). Accedido 18 de julio de 2019. https://www.loc
    .gov/collections/railroad-maps-1828-to-1900
    /articles-and-essays/history-of-railroads-and-maps
    /the-transcontinental-railroad/.

Pimentel, Joseph. "Study Reveals Asians Face Housing
    Discrimination." *Asian Journal.* Actualizado
    19 de julio de 2013. Accedido 20 de abril de
    2019. https://www.asianjournal.com/usa/study
    -reveals-asians-face-housing-discrimination.

Wallace, Nina. "Yellow Power: The Origins of Asian
    America." *Densho* (Blog). Accedido 2 de junio de 2019.
    https://densho.org/catalyst/asian-american-movement.

SALTOS EN LOS JUEGOS OLÍMPICOS

Barris, Sian. "Not making a splash: The anatomy
    of a perfect Olympic dive." The Conversation.
    Actualizado 30 de julio de 2012. Accedido 12 de abril
    de 2019. https://theconversation.com/not-making
    -a-splash-the-anatomy-of-a-perfect-olympic-
    dive-8082.

Grannan, Cydney. "How Is Diving Scored?" *Encyclopaedia
    Britannica*, 8th ed. Chicago: Encyclopedia Britannica,
    2009. Accedido 12 de abril de 2019. https://www
    .britannica.com/story/how-is-diving-scored.

Jarreau, Paige Brown. "Olympic Diving Physics." From
the Lab Bench. Actualizado 7 de agosto de 2012.
Accedido 12 de abril de 2019. http://www.from
thelabbench.com/from-the-lab-bench
-science-blog/olympic-diving-physics

USA Diving. "Diving 101: Judging and Scoring." Accedido
12 de abril de 2019. https://www.usadiving.org
/about-us/diving-101/judging-and-scoring.

GREG LOUGANIS

Furjanic, Cheryl, dir. *Back on Board: Greg Louganis*.
Transmitido 4 de agosto de 2014, en HBO. https
://www.amazon.com/Back-Board-Greg-Louganis/dp
/B01JJYL8YY/ref=sr_1_3?crid=36HFGXEQC
NLXW&keywords=breaking+the+surface
+the+greg+louganis+story&qid=1556806191&s
=instant-video&sprefix=breaking+the+surface
%2Cinstantvideo%2C494&sr=1-3-catcorr.

Louganis, Greg. "Official Website." Accedido 20 de abril
de 2019. https://greglouganis.com/.

Louganis, Greg, and Eric Marcus. *Breaking the Surface*.
Chicago: Sourcebooks, 2014.

LECTURAS ADICIONALES RECOMENDADAS

Los libros de ficción están marcados con un asterisco.

EL SALTO Y LOS DEPORTISTAS JÓVENES

Billingsley, Hobie. *Competitive Diving: The Complete Guide for Coaches, Divers, Judges*. California: Trius Publishing, 2018.

* Binns, Barbara. *Courage*. New York: HarperCollins, 2019.

Ignotofsky, Rachel. *Women in Sports: 50 Fearless Athletes Who Played to Win*. Women in Science. New York: Penguin Random House, 2017.

Lanser, Amanda. *The Science Behind Swimming, Diving, and Other Water Sports*. Science of the Summer Olympics. North Mankato, MN: Capstone Books, 2016.

Stabler, David. *Kid Athletes: True Tales of Childhood from Sports Legends*. Kid Legends. Philadelphia: Quirk Books, 2015.

LOS INMIGRANTES ASIÁTICOS EN CALIFORNIA

Freedman, Russell. *Angel Island: Gateway to Gold Mountain*. Boston: Houghton Mifflin Harcourt, 2016.

* Honeyman, Kay. *The Fire Horse Girl*. New York: Arthur A. Levine Books, 2013.

* Na, An. *A Step from Heaven*. New York: Atheneum Books for Young Readers, 2016.

* Yang, Kelly. *Front Desk*. New York: Arthur A. Levine Books, 2018.

Yoo, Paula. *The Story of Movie Star Anna May Wong*. New York: Lee & Low Books, 2019.

LOS JUEGOS OLÍMPICOS Y LOS DEPORTISTAS OLÍMPICOS

Bruchac, Joseph. *Jim Thorpe: Original All-American*. New York: Dial Books, 2006.

———. *The Story of All-Star Athlete Jim Thorpe*. New York: Lee & Low Books, 2019.

Crowe, Ellie. *The Story of Olympic Swimmer Duke Kahanamoku*. New York: Lee & Low Books, 2019.

Herman, Gail. *What Are the Summer Olympics?* What Was? New York: Penguin Random House, 2016.

Time-Life. *The Olympics: Moments That Made History*. Tampa, FL: Time Inc. Books, 2016.

SOBRE LA AUTORA Y EL ILUSTRADOR

PAULA YOO es una escritora y guionista cuyos libros infantiles para Lee & Low incluyen *Sixteen Years in Sixteen Seconds, Shining Star* y varios títulos de la serie Confetti Kids. Sus títulos han sido reconocidos por la International Literacy Association, la Texas Bluebonnet Award Master List y el Lee & Low's New Voices Award. Vive con su esposo en Los Ángeles, California, donde trabaja en televisión. Puedes visitarla en línea en paulayoo.com.

DOM LEE nació en Seúl, Corea del Sur, y obtuvo su Maestría en Bellas Artes en la Escuela de Artes Visuales de la ciudad de Nueva York. Con su estilo artístico único que combina técnicas de pintura y el rayado de detalles en cera encáustica, Lee ha ilustrado muchos libros de ilustraciones para Lee & Low Books que han sido premiados. Vive con su esposa en Hollis, Nueva York. Para conocer más sobre Dom Lee, visita domandk.com.

SOBRE LA TRADUCTORA

CLAUDIA OEMER es una traductora que vive en Ecuador. Ha realizado traducciones desde hace más de una década en los ámbitos académicos, literarios y de negocios. Ella es trilingüe y traduce trabajos en español, inglés y alemán. Los libros que ha traducido para Lee & Low incluyen *Rosas para Isabella*.

Esta es la historia de un niño al que le encantaba realizar saltos.

Esta es la historia de un atleta decidido a ser el mejor.

Esta es la historia de un médico que sirvió a su país.

Esta es la historia de un campeón que desafió los prejuicios para ganar la medalla de oro.

Esta es la historia de SAMMY LEE.

Todos los libros de esta serie incluyen...

- Notas informativas
- Palabras de vocabulario resaltadas
- Una cronología
- Un glosario
- Una bibliografía
- Lecturas recomendadas

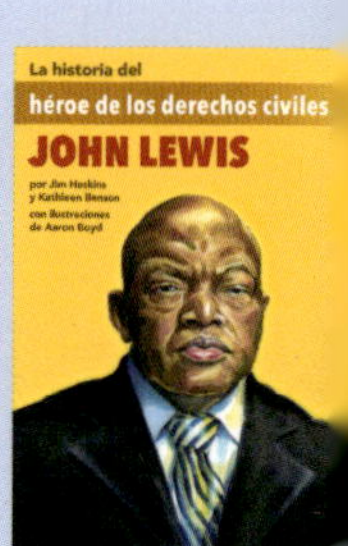

¡No te pierdas estos títulos!

$11.95 US

LEE & LOW BOOKS INC.
381 Park Avenue South
New York, NY 10016
leeandlow.com

ISBN: 978-1-64379-760-1
51195
9 781643 797601

Three perfect brothers. One monstrous secret.

BEWARE THE ABBOTT BOYS

Author of *The Summer She Went Missing*

CHELSEA ICHASO

MIDNIGHT READS
Books you are dying to read.